하루 10분 낭독 일기

하루 10분 낭독 일기

초판 1쇄 발행 2025년 9월 29일

글 서혜정낭독연구소·정윤경 **그림** 이나무
펴낸이 김명희 **편집** 이은희 **디자인** 씨오디 **마케팅** 노수아

펴낸곳 다봄 **등록** 2011년 6월 15일 제2021-000136호
주소 서울시 마포구 토정로 222 한국출판콘텐츠센터 305호
전화 02-446-0120 **팩스** 0303-0948-0120
전자우편 dabombook@hanmail.net **인스타그램** instagram.com/dabom_books

ISBN 979-11-94148-38-8 73800

* 책값은 뒤표지에 있습니다. * 잘못 만든 책은 구입하신 곳에서 교환해 드립니다.

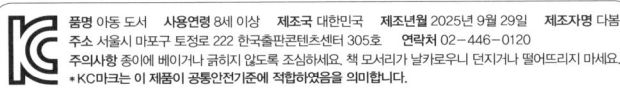

품명 아동 도서 **사용연령** 8세 이상 **제조국** 대한민국 **제조년월** 2025년 9월 29일 **제조자명** 다봄
주소 서울시 마포구 토정로 222 한국출판콘텐츠센터 305호 **연락처** 02-446-0120
주의사항 종이에 베이거나 긁히지 않도록 조심하세요. 책 모서리가 날카로우니 던지거나 떨어뜨리지 마세요.
*KC마크는 이 제품이 공통안전기준에 적합하였음을 의미합니다.

자신감 있는 아이의 비밀

하루 10분

낭독 일기

서혜정낭독연구소 · 정윤경 글
이나무 그림

다봄.

 **차례**

얘들아, 낭낭캠프 가자 6

 초대장 7

 낭낭캠프 일주일 계획표 8

월요일 **낭독 맛 좀 봐라** 읽기와 낭독, 뭐가 달라? 9

화요일 **좋은 목소리 갖고 싶어요** 복식호흡과 문장부호 15

수요일 **도전! 틀리지 않고 발음하기** 잰말놀이 23

목요일 **내 목소리를 들어 볼까?** 집중력과 문해력이 자라는 낭독   29

금요일 **내가 바로 '전기수', '책비'** 다양한 형식의 글 읽기 놀이   37

토요일 **미래의 보물 1호, 낭독 일기** 하루 10분, 나에게 집중!   43

일요일 **낭독 마법에 걸려라 얍!** 오늘부터 낭독 일기 쓰기   51

 **얘들아, 낭독하러 가자**   55

   56

   57

얘들아, 낭낭캠프 가자

눈처럼 새하얀 털에
갈색 오른쪽 눈, 파란색 왼쪽 눈이 돋보이는
오드아이 터키시 앙고라 고양이다~옹.
나 '낭독이'로 말할 것 같으면
당당한 나서기 대장!
또박또박 책 읽기 대장!
차근차근 설득 대장!
끄덕끄덕 공감 대장!
한마디로 인싸 중 인싸다~옹.
냐하하하하!
나처럼 되고 싶냐~옹?
내가 아주아주 특별한 것을 주겠다옹.
그건 말이다~옹
바로 낭낭캠프 초대장!
받아라~옹!!
초대장에 너의 이름을 적는 순간, 캠프가 시작된다~옹~.

초대장

_____ 에게

낭랑한 목소리로 낭독, 낭낭캠프!

즐거운 탐험을 통해 핵인싸로 거듭나게 해 줄 낭낭캠프에 초대합니다.

캠프에 참여하는 동안

당신은 먼 곳으로 여행을 가도 전혀 상관없고

캠프에서 주는 음식 외에 다른 것을 먹어도 되며

캠프에서 있었던 일을 적극적으로 발설할 수 있습니다.

위의 사항을 지킬 준비, 되었나요?

초대장 없이 캠프에 참여할 수 없으니

꼭 이름을 써서 잃어버리는 일이 없도록 주의하시길 바랍니다.

낭독하는 고양이 낭독냥 꾸욱

낭냥캠프 일주일 계획표

월요일

낭독 맛 좀 봐라
읽기와 낭독, 뭐가 달라?

화요일

좋은 목소리 갖고 싶어요
복식호흡과 문장부호

수요일

도전! 틀리지 않고 발음하기
잰말놀이

목요일

내 목소리를 들어 볼까?
집중력과 문해력이 자라는 낭독

금요일

내가 바로 '전기수', '책비'
다양한 형식의 글 읽기 놀이

토요일

미래의 보물 1호, 낭독 일기
하루 10분, 나에게 집중!

일요일

낭독 마법에 걸려라 얍!
오늘부터 낭독 일기 쓰기

낭독 맛 좀 봐라
읽기와 낭독, 뭐가 달라?

월요일

친구들 안녕? 낭독을 재미있게 탐험할 낭낭캠프에 온 것을 환영합니다.

낭낭캠프 대장 성우 서혜정이에요. 여러분의 다양한 목소리를 들을 생각에 아주 많이 설레네요. 여러분, 성우가 어떤 일을 하는지 알고 있나요? 한마디로 말하면 목소리로 연기하는 사람이에요. 내 이름은 잘 몰라도 내 목소리는 아마 한번은 들어 봤을 걸요? 〈이누야샤〉의 금강, 〈달의 요정 세일러 문〉의 비키, 〈포켓몬스터〉의 봄이, 〈파워레인저 캡틴 포스〉의 캡틴 옐로우, 〈쿠키런〉의 미스틱 플라워 쿠키 등등 다양한 애니메이션과 게임, 그리고 영화의 등장인물 목소리를 맡아 연기했고, 그 외에 광고, 드라마, 예능 프로그램 작업도 아주 많이 했거든요. 그리고 요즘은 낭독하는 즐거움을 신나게 전하고 있어요. 그 덕분에 이렇게 여러분을 만났고요.

<u>자, 여러분 '낭독'이 뭘까요? 맞아요, 글을 소리 내어 읽는 거예요. 그렇다면 글을 읽는 것과 낭독은 같을까요, 다를까요?</u>

"==달라요! 읽기는 소리 내지 않고 눈으로 읽을 수도 있지만, 낭독은 반드시 소리를 내어 읽어야 해요!=="

오! 아주 좋은 대답이네요. 친구가 대답한 것처럼 읽기라는 넓은 의미 안에 낭독이 포함된다고 할 수 있어요. 그런데 낭독은 글을 단순히 소리 내어 읽는 것뿐만 아니라 글의 내용이나 의미, 감정을 목소리에 담아서 전달해요.

"낭독은 성우처럼 ==목소리가 좋은 사람들만 하지 않나요?=="

꼭 그렇지만은 않아요. 글을 읽을 줄 알고 목소리를 낼 수 있는 사람이라면 나이와 상관없이 누구나 할 수 있답니다. 맞아요, 여러분 같은 어린이도 할 수 있어요. 나도 여러분처럼 초등학생일 때 처음 낭독을 시작했는걸요.

우리 집은 지붕이 유독 얇아서 비가 떨어지는 소리가 엄청 크게 들렸죠. 천둥까지 치면 정말 너무너무 무서웠어요. 여러분도 혼자 있을 때 천둥과 번개가 치면 무섭잖아요? 그런데 어느 날 문득, 내 목소리로 천둥과 싸워 보면 어떨까 하는 생각이 드는 거예요. 그래서 아무 책이나 집어 들고 큰 소리로 읽기 시작했죠.

그러자 놀라운 일이 일어났어요. 천둥소리가 작게 들리는 거예요. 아니, 내 목소리에 집중하니까 천둥 치는 소리가 더 이상 무섭지 않더라고요. 그때부터 낭독을 사랑하게 된 것 같아요. 문제집을 풀 때도 소리 내어 읽고, 숙제도 소리 내어 읽으면서 할 정도였어요.

그랬더니 정말 놀라운 일이 일어났어요. 세상에! 성적까지 오르더라고요.

내 이야기는 차차 하기로 하고, 일단 첫 번째 시간이니 낭독의 맛부터 조금 볼까요? 여러분과 함께 읽고 싶은 동시 한 편을 준비했어요. 〈서시〉로 유명한 윤동주 시인이 쓴 〈참새〉라는 동시예요. 여러분, 한번 낭독해 보세요.

> 가을 지난 마당은 하이얀 종이
> 참새들이 글씨를 공부하지요
>
> 째액째액 입으로 받아 읽으며
> 두 발로는 글씨를 연습하지요
>
> 하루 종일 글씨를 공부하여도
> 쨕 자 한 자밖에는 더 못 쓰는걸

낭독 듣기

아마 아직은 낭독이라기보다 소리 내어 읽기에 가까웠겠죠?
"대장님! 소리 내어 읽기와 낭독은 뭐가 달라요?"

낭독은 글을 그저 소리 내어 읽는 것이 아니고, 글의 내용을 이해하고 분위기를 상상하면서 마치 글을 쓴 시인이나 작가가 된 듯 읽는 거예요.

시를 낭독할 때는 시 전체 내용을 먼저 이해해야 해요. 시는 함축된 언어 표현이 많아서, 그 의미를 풀어서 내용을 파악하고 천천히, 단어 하나하나 곱씹으면서 깊이 느끼는 게 중요해요. 동시는 경쾌한 느낌을 더해서 낭독하면 되고요.

시는 연으로 구분이 되어 있는데 낭독할 때 연과 연 사이에 쉬는 것이 중요하죠. 낭독자가 문장과 문장, 그리고 연과 연 사이에 쉬면서 시의 분위기를 느끼면, 듣는 사람에게도 시의 의미와 느낌이 자연스럽게 전달된답니다.

그럼 〈참새〉라는 동시의 내용을 먼저 살펴볼까요?

윤동주 시인은 추수가 끝난 가을, 곡식 찌꺼기를 주워 먹으러 온 참새를 보고, 참새가 글씨를 공부하는 것처럼 표현했어요. 시인의 따뜻한 시선이 느껴지나요? 그렇다면 지금부터 우리는 시인 윤동주처럼 상상해 보는 거예요. 농부가 깨를 털고 난 마당에 조그마한 참새 여러 마리가 날아들었어요. 참새들은 바닥에 떨어진 고소한 깨를 주워 먹느라 통통 뛰어다녀요. 서로 많이 먹으려고 짹짹 소리 내어 우는데, 아주 귀여워요. 그 모습이 마치 교실에 앉아 한글을 배우느라 재잘거리는 갓 입학한 동생들 같기도 해요. 그런데 요란하게 떠들면서 공부하는 것치고는 글씨를 잘 몰라요. '짹' 한 자밖에 몰라서 짹짹 소리만 내고 있으니까요.

  자, 이렇게 재미있게 상상하면서 다시 한번 읽어 볼까요? 내가 이 동시를 낭독한다면 참새의 귀여운 모습과 짹 한 자밖에 모른다는 재치를 살려서 경쾌하고 밝은 느낌으로 읽을 거예요. '째액째액'과 같은 의성어를 강조해서 읽어도 재미있지 않을까요?

좋은 목소리 갖고 싶어요
복식호흡과 문장부호

자, 손을 펴서 목에 갖다 대 볼까요? 그리고 소리를 내 보세요.
"아, 에, 이, 오, 우."
자기 이름을 말해도 좋아요. 어때요? 손에 떨림, 진동을 느낄 수 있죠? 우리 목 안에 있는 성대가 떨리면서 그 떨림이 전해지는 거예요. 성대는 우리 몸에서 소리를 내는 기관으로 이렇게 생겼어요.

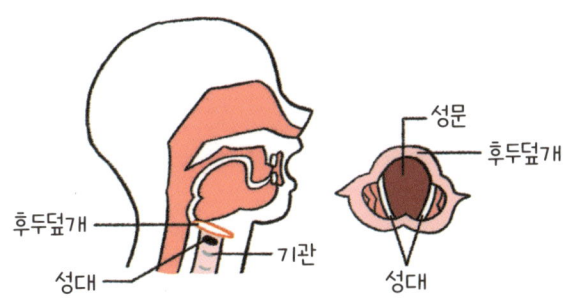

성대를 이루는 이 근육이 늘어나고 줄어들면서 공기가 드나드는 통로의 폭을 조절하고, 공기가 진동되어서 목소리가 나오는 거예요.

낭독은 성대의 떨림이 만드는 성대음과 호흡, 그리고 울림으로 만들어지는 목소리로 하는 거예요. **호흡에는 들숨과 날숨이 있지요?** 들숨은 들이마시는 숨, 날숨은 내뱉는 숨을 말해요. **말할 때는 들숨과 날숨 중 어떤 숨에서 할까요?** 자, 다음 글을 들숨, 숨을 들이마시면서 읽어 볼까요?

> "사람들이 저마다 오장육부를 지녔으나 놀부는 오장칠부라, 왼쪽 갈비뼈 밑에 떡하니 심술보 하나가 더 달려서 하는 짓마다 못되기가 이를 데 없었다."

어때요? 들숨으로는 한 줄도 읽기 힘들지 않나요? 이번엔 날숨, 숨을 내뱉으면서 읽어 볼까요?

> "초상집에서 노래하기, 불난 곳에 부채질, 길 가운데 구덩이 파기, 달리는 사람 발 걸기, 우는 아이에게 똥 먹이기, 수박밭에 말뚝 박기, 장독간에 돌 던지기

> 낮에 나쁜 짓 하는 것도 모자라 밤에는 도둑질을 일삼으니 흉악하기가 이를 데 없더라."

 역시 숨이 좀 차서 어렵죠? 그래서 비단 낭독할 때뿐만 아니라 우리가 말할 때도 호흡이 아주 중요해요. 제아무리 베테랑 성우라고 하더라도 들숨으로는 낭독은 물론 말도 제대로 할 수 없어요. 또 숨을 들이마시지 않으면 날숨만으로는 숨이 차서 제대로 말도 낭독도 하기 어렵다는 걸 기억하세요. 아! 게다가 호흡을 잘하면 목소리도 아주 좋아질 수 있어요.

 <u>"대장님! 글을 소리 내어 읽을 때 어떻게 해야 호흡을 잘하는 거예요?"</u>

 아주 좋은 질문이에요. 글을 읽을 때는 우선 문장부호를 잘 지키면서 읽는 거예요. 특히, 쉼표나 마침표는 호흡을 위해 아주 중요한 문장부호예요. 이름 그대로 쉼표가 있으면 짧게 쉬면서 다음 글을 읽기 위해 숨을 들이마셔요. 문장을 마무리 짓는 마침표를 비롯해 물음표나 느낌표를 만나면 한 호흡을 마무리하고 쉬는 거예요.

 자, 이제 편하게 코로 숨을 들이마시고, 입으로 "후~" 하고 내뱉어 보세요. 숨 쉬는 게 자연스러워질 때까지 해 볼까요? 그렇게 해서 호흡이 자연스러워지면 편안한 자세로 다음 이야기를 낭독해 보세요. 배꼽을 입이라고 생각하고 낭독하면 자연스럽게 복식호흡을 하게 돼요. 처음엔 잘 안되는 것 같아도 꾸준히 하면 점점 목소리가 좋아지면서 평소에 말할 때도 복식호흡을 하게 된답니다.

(∨표시에는 짧게 쉬어 주고, ⩔표시에는 긴 호흡으로 쉬어 주면서 읽어 보세요.)

흥부는∨ 굶는 식구들을 위해 쌀을 얻으러 형 놀부의 집을 찾아갔지만∨ 욕만 배부르게 얻어먹고∨ 발길을 돌려야만 했다. 흥부가 놀부네 마당을 돌아 나오는데∨ 구수한 냄새가 발목을 잡았다.
'킁킁, 이건 무슨 냄새지?'⩔
흥부가 냄새를 따라 코를 벌름거리며 두리번거리는데∨ 마침 부엌에서∨ 놀부 아내가 밥을 푸는 모습이 보였다.⩔
배가 고픈 흥부는∨ 자기도 모르게 부엌으로 달려갔다.⩔
"형수님, 동생 흥부가 왔습니다. 며칠을 굶었는지 모릅니다. 밥 한 술만 주십시오."⩔
흥부는 너무나 배가 고파서∨ 덥석 부엌으로 들어가

무릎을 꿇었다.

"여기가 어디라고 함부로 들어오는 거야?"

표독스러운 놀부 아내가 밥을 푸던 주걱으로 흥부의 뺨을 후려쳤다.

"아이고!"

흥부가 맞은 뺨이 아파서 손으로 감싸는데 이럴 수가, 밥알이 손에 잡히는 것이다.

"형수님, 기왕이면 다른 쪽도 좀 때려 주시오. 그래야 굶은 아이들에게 밥알 구경이라도 시켜 줄 것 아닙니까?"

"아니, 이놈이……."

남편을 그대로 닮아 못된 놀부의 아내는 밥주걱에 붙은 밥알도 아까워 흥부를 그대로 내쫓았다.

쫓겨난 흥부는 굶고 있을 자식들과 아내 생각에 발길이 무거워졌다.

여러분이 잘 알고 있는 〈흥부와 놀부〉 이야기 가운데, 흥부가 놀부 집에 밥을 얻으러 갔다가 놀부 아내에게 밥주걱으로 맞는 장면

이에요. 낭낭캠프 첫날에, 낭독과 소리 내어 읽는 것의 차이를 이야기했는데 기억하나요? 맞아요. 마치 글을 쓴 사람이 된 것처럼, 등장인물이 된 것처럼 그 장면을 상상해서 분위기에 맞게 읽는 것이 낭독이라고 했죠? 그럼 이 글의 분위기를 먼저 살펴볼까요?

　가난한 흥부는 식구들을 먹여 살리기 위해서 매품팔이까지 했어요. 매품팔이는 돈을 벌려고 남의 매를 대신해서 맞는 일을 말해요. 흥부가 그마저도 할 수 없게 되자 구두쇠 형 놀부에게 쌀을 얻으러 간 거죠. 그런데 인심이 고약한 놀부가 쌀을 줄 리가 없죠. 욕만 잔뜩 먹고 하는 수 없이 돌아가려는데 놀부 아내가 밥을 푸는 걸 본 거예요. 게다가 쌀밥이니 얼마나 더 반가웠을까요? 반대로 놀부만큼 못된 놀부 아내는 뺨을 맞아서라도 밥알을 얻어 가겠다고 매달리는 흥부가 얼마나 싫었을까요?

　자, 그럼 이 글에 등장하는 흥부와 놀부 아내의 입장이 돼 낭독해 볼까요? 마치 그 장면으로 들어간 것처럼요. 이것을 '몰입'이라고 해요. **낭독을 제대로 하면 '몰입' 상태가 돼요. 우리가 무엇에 몰입하면 몸에서 좋은 호르몬이 나와서 스트레스를 풀어 준대요.** 여러분이 낭독하면서 꼭 경험해 보면 좋겠어요.

　그리고 문장부호가 보이죠? 쉼표가 보이면 잠깐 끊어 읽고, 문장 끝에 마침표가 나오면 한 호흡 쉬어요. 말줄임표가 나오면 하고자 하는 말을 끝맺지 못하거나 말끝을 흐린 것이니 여운을 남기면서 충분히 쉬어 주세요. 느낌표에서는 낭독한 문장에 담긴 분위기나 의미를 느끼면서 충분히 시간을 갖고 쉬고, 물음표가 보이면 끝을 올리거나 해서 궁금함을 표현해 주세요.

 작은따옴표는 속마음을 표현하거나 문장에서 돋보이게 하고 싶은 부분을 표시하니, 작은따옴표 앞뒤로 약간 쉬는 게 좋아요. 큰따옴표 안의 문장은 대화를 나타내는 것이니 말하듯 자연스럽게 읽으세요.

도전! 틀리지 않고 발음하기
잰말놀이

'잰말놀이'라고 들어 봤나요? 잰말놀이는 빠르게 말하는 놀이인데 아마 우리 친구들도 한번쯤 해 봤을 거예요. 발음이 비슷하거나 까다로운 단어를 반복하거나 연이어서 말하는 놀이죠. 자, 다음 글을 큰 소리로 읽어 보세요.

> "안촉촉한 초코칩 나라에 사는 안촉촉한 초코칩은 촉촉한 초코칩이 되고 싶어 촉촉한 초코칩 나라로 갔지만 촉촉한 초코칩 나라에서는 너는 안촉촉한 초코칩이기 때문에 촉촉한 초코칩이 될 수 없다고 말해서 안촉촉한 초코칩은 촉촉한 눈물을 흘리며 다시 안촉촉한 초코칩 나라로 돌아왔다."

어때요? 몇 번이나 틀렸나요? 한 번도 틀리지 않고 읽었다고요? 우와, 정말 대단하네요. 그럼, 이번에는 아주 천천히 읽기 시작해서 점점 빠르게 한번 더 읽어 볼까요? 천천히 읽어도, 여러 번 읽어도 자꾸 틀리나요? 그렇다면 **틀리지 않고 잘 읽는 방법을 알려 줄 테니 잘 들어 보세요. 바로 글의 내용을 이해한 다음에 읽는 거예요.**

여러분이 읽은 글은 안촉촉한 초코칩이 촉촉한 초코칩이 되고 싶어서 촉촉한 초코칩 나라로 갔지만, 받아 주지 않아서 안촉촉한 초코칩 나라로 되돌아온 이야기예요. 자, 내용을 이해했으면 천천히 다시 읽어 보세요. 어때요? 잘 읽히지 않나요?

잰말놀이는 동작이 빠르다는 뜻의 동사 '재다'를 '말놀이' 앞에 붙여서 만든 놀이예요. 발음하기 까다롭거나 어려운 말을 빠르게 하려면 마치 혀가 꼬이는 것 같기도 하고, 마비되는 것 같기도 하죠? 그런데 이런 잰말놀이가 정확한 발음을 연습하는 데 아주 유용해요. 또 집중력과 기억력도 좋아지고 틀리면 자꾸 웃게 되니까 기분까지 좋아지죠. **혹시 발음을 정확하게 하고 싶다면 잰말놀이를 해 보세요.**

발음이 정확하지 않은 건 대부분 습관 때문이래요. 평소 대충 말하고, 빨리 말하고, 말끝을 흐려서 말한다면 발음이 정확할 수 없어요. 그러니 우선 이런 습관을 버려야 하죠. 여기에 체력을 키워야 해요. 목소리를 내려면 에너지가 필요해요. 체력이 약하면 말할 때

숨이 차서 제대로 발음하기 어렵고, 말소리가 작아지고 짧게 대답하게 되거든요.

여기서 질문 하나! 소리 내어 잘 읽는 것의 기준이 뭘까요?

"저요! 틀리지 않고 빠르게 읽어야 해요."

지금 말한 친구처럼, 마치 래퍼처럼 빠르게 읽으면서 틀리지 않게 읽으면 '우와' 잘 읽는다고 많이들 생각해요. 그런데 낭독할 때 얼마나 글을 빠르게 읽느냐는 전혀 중요하지 않아요. 대신 한 글자 한 글자 정확한 발음으로 읽는 것이 중요해요. 발음을 정확하게 하려면 문장의 의미를 파악해야만 해요. 앞서 잰말놀이에서 글의 내용이 무엇인지 이해하고 다시 읽으니 덜 틀리면서 읽을 수 있었잖아요. 문장의 의미를 이해하고 잘 끊어 읽으면 발음도 정확해지고 내용도 좀 더 정확하게 전달된답니다.

간혹 발음이 어려운 단어도 있고, 특별히 신경 써야 발음할 수 있는 단어도 만나게 될 텐데, 그럴 땐 단어의 첫 글자나 중요한 단어에 힘을 살짝 줘서 읽는 연습을 하면 도움이 될 거예요. 또 입술과 혀의 모양을 정확하고 크게, 많이 움직일수록 발음은 좋아져요. 그러니까 입을 크게 벌리고 입술과 혀의 움직임을 느끼면서 말해 보세요. 입을 크게 벌려 혀의 움직임을 느끼면서 낭독을 꾸준히 하면 입 주변 근육이 정확한 발음을 기억하게 된답니다.

받침이 있는 단어는 발음할 때 좀 더 신경을 써야 해요. 홑받침은 자음자가 한 개인 받침, 겹받침은 서로 다른 자음자가, 쌍받침은 같은 자음자가 각각 겹쳐서 된 받침이라는 거 알고 있죠?

특별히 겹받침 낱말은 발음하기도 까다롭고 맞춤법도 틀리기 쉬워요. 일반적으로 겹받침 중 앞의 자음을 발음해요. 그런데 'ㄹ'이 포함된 겹받침 중 'ㄽ, ㄳ, ㄾ, ㅀ'은 앞의 자음을, 'ㄺ, ㄻ, ㄿ'은 뒤의 자음을 발음해요. 단 '밟다', '넓죽하다', '넓적하다' 등은 예외로 뒤의 자음 'ㅂ'을 발음해 [밥따], [넙쭈카다], [넙쩌카다]로 읽어요. 이 외에도 겹받침에 조사나 어미가 붙을 때 발음이 어떻게 변하는지 기억하세요. 다음 낱말들을 읽어 볼까요?

몫(목) 앉다(안따) 않다(안타) 값(갑)
얇아(얄바) 외곬(외골) 핥다(할따) 싫다(실타)
밝다(박따) 닭(닥) 삶(삼) 읊다(읍다)읍따)

발음할 때 'ㄴ'을 뭉개 버리거나 'ㄹ' 발음을 확실히 하지 않고 은근슬쩍 넘어가는 실수를 많이 해요. 예를 들면 '나는'의 경우 '나느'로 발음하거나, '우리들'을 '우리드'로 발음하는 거예요. 또 영어의 'th[θ]' 발음은 우리말에는 없는 발음인데 'ㅅ'을 th[θ]처럼 발음하는 친구들도 많더라고요. 정확한 발음을 익히고 나쁜 발음 습관을 버리고 어려운 발음일수록 여러 번 연습해서 근육이 기억하게 한다면 발음이 좋다는 소리를 듣게 될 거예요. 영어 발음뿐만 아니라 국어 발음에도 좀 더 신경을 써 주세요.

또 문장을 읽을 때 무엇을 <u>**강조해서 발음하느냐에 따라 느낌이나 의미가 달라지기도 해요.**</u>

> "너 어디 가니?"

이 문장을 여러분은 어떻게 읽었나요? "너 **어디** 가니?"라고 '어디'를 강조해서 물으면, 가는 곳이 어딘지를 묻게 되죠? 그런데 "너 어디 **가니**?"라고 '가니'를 강조해서 발음하면, 목적지가 아니라 가고 있는 행동을 묻게 돼 듣는 사람은 "네." 혹은 "아니오."라고 대답하게 될 거예요. 이렇게 같은 문장이라도 어떤 부분을 강조해서 발음하느냐에 따라 의미까지 달라질 수 있어요. 그래서 글의 맥락을 살펴서 읽어야 해요.

 잰말놀이를 재미있게 하다 보면 발음이 좋아질 거야.

입술과 혀의 움직임을 느끼면서 낭독하다 보면
나도 어느새 발음 천재!

내 목소리를 들어 볼까?
집중력과 문해력이 자라는 낭독

여러분, 아무 말이나 한번 해 보세요. 말을 하면, 자기한테도 동시에 들리죠? 그런데 내 목소리를 녹음해서 들으면 다르게 들린다는 걸 알고 있나요? 그래서 오늘은 여러분의 목소리를 녹음해서 들어 볼 거예요. 날 좀 도와줄 친구가 있을까요? 저기 가장 먼저 손을 든 친구 앞으로 나와 주세요.

우리 친구, 셋째 날까지 배운 내용 잘 기억하고 있나요? 여기에 적힌 글을 일정한 속도로 문장부호에 맞게 정확한 발음으로 낭독해 볼까요? 생텍쥐페리의 소설 《어린 왕자》에 나오는 문장인데요, 친구가 낭독할 때 내가 휴대폰으로 녹음해 볼게요. 준비됐나요? 그럼 낭독해 볼까요?

"마음으로 봐야 제대로 볼 수 있어. 중요한 것은 눈에

> 보이지 않거든."
> 어린 왕자는 여우의 말을 되새기며 천천히 말했습니다.
> "중요한 것은 보이지 않아……."
> 여우는 어린 왕자를 바라보며 고개를 끄덕였습니다.

우와! 친구가 낭독을 아주 잘했어요. 자, 그럼 녹음한 내용을 다시 한번 들어 볼까요? 낭독을 제법 멋지게 잘한 것 같나요? 목소리가 어때요?

"어? 제 목소리 같지 않은데요? 이게 제 목소리예요?"

하하하. 여러분이 듣기에는 어떤가요? 녹음된 이 친구의 목소리와 아까 낭독했을 때 친구의 목소리가 다르게 들리나요? 아마도 여러분은 큰 차이를 느끼지 못할 거예요. 그렇다면 여기 이 친구는 왜 자기 목소리가 아닌 것 같다고 할까요? 여러분도 자기 목소리를 녹음해서 들으면 비슷한 반응을 보일 거예요. 왜 그럴까요?

우리가 말을 할 때 내가 듣는 내 목소리는 몸 안에서 울려서 귀로 들리는 소리와 입밖으로 나온 소리가 합쳐서 들리는 소리예요. 하지만 다른 사람이 듣는 내 목소리는 입 밖으로 나와서 공기를 진동시키고 공간을 울려 전달되죠. 녹음된 목소리는 바로 그렇게 해서 듣게 되는 거예요. 그래서 **녹음된 목소리가 다른 사람이 듣는 내 목소리에 가깝다고 할 수 있어요.**

자, 그럼 여러분, 내 목소리가 좋았으면 하고 바라나요? 그렇다면 매일 이렇게 낭독을 녹음해서 들어 보세요. 자꾸 들으면, 낯설게 들렸던 자기 목소리에 익숙해질 거예요. 무엇보다 녹음해서 들으면 자주 틀리거나 어색한 발음을 찾아서 고칠 수 있고, 나한테 맞는 낭독 속도를 찾을 수 있어요. 좋은 목소리? 그건 발음을 정확하게 말하는 습관을 들여도 얻을 수 있어요.

낭독할 때 자세도 다양하게 해 보세요. 자세에 따라서도 목소리가 달라지거든요. **누웠을 때, 앉았을 때, 서 있을 때 목소리가 어떻게 달라지는지 녹음해서 확인해 보세요.** 내가 어떤 장소에서 어떤 자세일 때 가장 편안하고 집중이 잘되고 듣기 좋은 목소리가 나오는지 알 수 있을 거예요. 어때요? 낭독은 내 목소리뿐만 아니라 나를 알아 가는 좋은 방법인 것 같죠? 그럼, 우리 조금 긴 글을 낭독해 볼까요? 녹음도 해 보세요.

"직녀님, 보고 싶어요."
"저도 견우님이 보고 싶어서 매일 눈물만 흘린답니다."

사랑에 빠져 일은 안 하고 놀러만 다닌 죄로 견우와
직녀는 멀리 떨어져 서로 그리워하는 벌을 받았어.
일 년 중 단 하루만 만날 수 있었는데 그것조차 견우와
직녀 사이를 흐르는 큰 강 때문에 가까이 갈 수 없었어.
그래서 견우와 직녀가 만나는 칠월 칠석날에는 둘이
흘린 눈물이 비가 되어 홍수가 났어.
홍수 때문에 알을 낳은 둥지가 떠내려가고 먹이도
사라지자 새들이 모여 회의를 했어.
"우리 까마귀와 까치들이 다리를 만들어서
견우님과 직녀님을 만나게 해 주면 어떨까?"
새들은 모두 찬성했고, 칠월 칠석이 되자 까마귀와
까치가 날아가 다리를 만들었어.
"견우님 보고 싶었어요."
직녀는 견우에게 달려가 안겨 기쁨의 눈물을 흘렸어.
"고맙다 까마귀들아, 정말 고맙다 까치들아."
견우도 눈물을 흘리며 새들에게 인사를 했어.
이 다리를 까마귀와 까치가 지은 다리라고 해서
'오작교'라고 불렀고

> 오작교 덕분인지 그 뒤로 칠월 칠석에는 보슬비만 내리게 되었대.

낭독 듣기

　이제 녹음된 내 목소리를 들어 볼까요? 그냥 듣고 흘려버리지 말고, 스스로 평가해 보세요. 낭독할 때마다 녹음하고, 녹음한 걸 들으면서 부족한 부분을 확인하고 고치는 과정을 꾸준히 반복하면, 정말 놀라운 일이 벌어질 거예요. 무엇을 평가하냐고요? 예를 들면 이런 걸 확인하는 거예요.

- ✔ 발음을 흐리거나 뭉개거나 부정확하게 한 부분이 없다.
- ✔ 목소리가 잘 들릴 정도로 발성을 잘했다.
- ✔ 문장부호를 잘 살려서 낭독했다.
- ✔ 낭독하면서 숨이 차지 않았다.
- ✔ 끊어 읽는 부분에서 잘 쉬었다.
- ✔ 글의 내용을 이해하면서 낭독했다.
- ✔ 등장인물이 말하듯 실감 나게 낭독했다.
- ✔ 문장과 문장 사이의 호흡(PAUSE : 잠시 멈춤)을 잘 살렸다.

항목마다 10점 만점에 나는 몇 점인지 점수를 적어 보세요. 꾸준히 하면 모든 항목이 10점 만점에 다다르는 날이 오지 않을까요? 그날이 오면 분명히 여러분의 문해력도 쑥쑥 자라 있을 거예요. <u>낭독을 잘하려면 글에 몰입해야 한다고 했죠? 그러니 집중력이 좋아질 수밖에 없어요. 자연스럽게 긴 글을 읽는 힘이 생기는 거죠. 또 내용을 잘 이해해야 낭독을 잘할 수 있다고 했죠? 내용을 잘 이해한다는 것은 글의 맥락을 이해한다는 뜻이에요. 이것이 바로 문해력이죠.</u>
자, 여길 보세요.

새로 이사 온 집에는 조그마한 마당이 있었다.
아빠는 기대에 부풀어서 마당을 둘러보았다.
"이 마당에 어떤 나무를 심을까? 아빠는 어릴 적 시골집에 있던 앵두나무를 심고 싶은데 우리 소윤이는 어떤 나무를 심고 싶어?"
아빠의 물음에 소윤이도 곰곰이 생각하다가 손뼉을 치며 말했다.
"아! 나는 달콤한 알밤을 좋아하니까 밤나무가 좋아요."
아빠도 만족스러운 미소를 지었어.

"그래, 오늘밤나무를심자."

어? 마지막 문장은 띄어쓰기가 안 돼 있네요. 어떻게 읽어야 할까요? 이때 문해력이 있는 친구와 없는 친구가 나뉘게 될 거예요. 글의 맥락을 파악하는 실력이 있어야 "그래, 오늘 밤나무를 심자."로 제대로 읽을 수 있을 테니까요. 띄어쓰기가 제대로 돼 있어도 내용을 잘못 이해했다면 "그래, 오늘 밤 나무를 심자."로 읽을 수도 있겠죠? 이렇게 낭독하고 녹음하고 확인하면서 문해력을 쑥쑥 키워 보세요.

녹음된 내 목소리를 들어 보자.

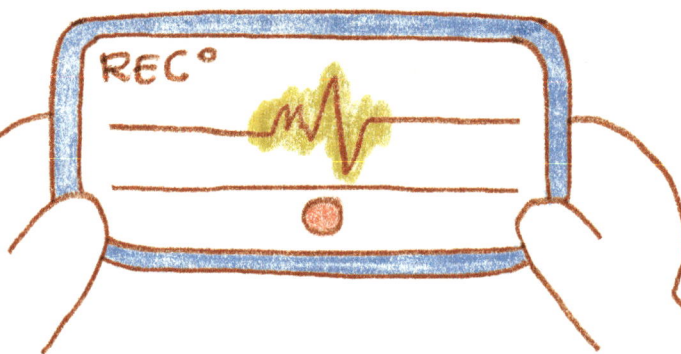

매일 내 목소리를 듣고 어제와 오늘은 어떻게 달라졌는지 확인!

"어때?"

"오!"

"너무 잘하는데?"

낭독을 반복하면 문해력이 쑥쑥 자랄 거야.

내가 바로 '전기수', '책비'
다양한 형식의 글 읽기 놀이

여러분, 전기수라고 들어 봤나요? <u>전기수는 옛날 옛적, 책이 지금처럼 흔하지 않고 글을 아는 사람도 많지 않던 시절에 사람들을 모아 책을 읽어 주고서 돈을 벌던 사람을 말해요.</u> 남자는 '전기수', 여자는 '책비'라고 했지요.

책을 얼마나 실감 나게 읽었던지 사람들이 듣다가 펑펑 울기도 하고 화를 내다가 싸우기도 하고, 감동해서 갖고 있던 돈을 다 털어 주기도 할 정도였대요. 전기수와 책비가 바로 다름 아닌 낭독을 한 셈이죠.

자, 그럼 상상해 볼까요? 하나, 둘, 셋, 짠! 하면 여러분도 전기수나 책비가 되는 거예요. 하나, 둘, 셋, 짠!

이제 우리는 조선 시대로 갑니다. 여기는 청계천에 있는 애오개라는 다리 밑이에요. 개천가에서 아낙들은 빨래하며 재미난 이야기를 나누고 엄마 따라 나온 아이들은 물고기 잡기가 한창이네요. 물속에 풍덩 들어가 멱을 감는 아이들도 보여요.

어떻게 하면 사람들의 시선을 모을 수 있을까요? 일단 박수를 세 번 크게 쳐 봅시다. 사람들이 하던 일을 멈추고 나를 바라보는군요. "아! 아!" 일단 목소리를 가다듬어 보아요. 벌써 사람들이 하나둘 모이기 시작해요. 아낙네들은 전기수가 왔다고 빨랫방망이까지 내팽개쳤네요.

자, 그럼 이 사람들의 마음을 홀랑 빼앗아 버릴 낭독을 해 봅시다.

그런데 잠깐! 어떤 글을 읽을 건가요? 소설? 시? 희곡? 기사문? 설명문? 어떤 형식의 글이라도 좋아요. **글쓴이의 마음을 먼저 읽고, 글에 담긴 정서와 하고자 하는 이야기가 잘 전달될 수 있게 목소리에 담아 낭독하면 돼요.** 그럼 오늘은 여러 종류의 글을 낭독해 볼까요?

님은 갔습니다.
아아, 사랑하는 나의 님은 갔습니다.
푸른 산빛을 깨치고 단풍나무 숲을 향하여 난 작은 길을 걸어서, 차마 떨치고 갔습니다.

낭독 듣기

독립운동가이자 승려였던 만해 한용운의 시 〈님의 침묵〉의 앞부분이에요. 사랑하는 연인과의 이별을 슬퍼하는 시처럼 들리나요?

그럴 수 있죠. 그렇다면 이번엔 '님'을 일본에 빼앗긴 우리나라라고 생각하고 읽어 볼까요? 사랑하는 조국을 빼앗긴 설움과 절망을 상상하면서요.

시는 쉼의 예술이라고 할 정도로 잠시 멈춤(PAUSE)이 정말 중요해요. 시 낭독은 연과 연 사이, 시구와 시구 사이에서 시인의 생각과 감성을 충분히 느끼면서 나의 감성을 목소리에 실어 표현해요.

이번엔 뉴스 기사를 한번 읽어 볼까요? 기자나 아나운서처럼 정보를 정확하면서도 신속하게 전달하려면 특별히 발음에 더 신경을 써야겠죠?

> 어린이들의 학업 부담을 덜고 스트레스를 해소하는 날이 지정돼 어린이들로부터 큰 지지를 받고 있습니다. 한 달에 한 번 지정되는 '공부 없는 날'에는 학교는 물론이고 학원에서도 수업할 수 없으며 자유로운 놀이 활동으로 대체해야 합니다.

낭독 듣기

기사문은 강조할 점을 짚어 가며 읽어야 내용이 더 명확하게 전달돼요. 동시에 적당한 빠르기도 신경 써야 한답니다. 그런데 이런 뉴스를 듣는다면 여러분들, 정말 신나겠죠?

이번에는 설명문을 낭독해 볼까요? 설명문은 기사문처럼 정보를 전달하는 글이에요. 듣는 사람이 잘 알아들을 수 있게 정확하게 발음하는 것이 아주 중요해요. 그리고 자신의 감정이 묻어나지 않게 읽는 게 중요해요. 자, 그럼 낭독해 볼까요?

> 과자는 밀가루, 설탕, 색소, 각종 양념이나 향신료 등을 재료로 하여 만든 가공식품으로 어린이뿐 아니라 어른들의 간식으로도 인기가 많다.
> 과자의 바삭한 식감은 스트레스 해소에 도움이 되고 달콤한 맛은 뇌에서 도파민을 분비하는 것을 도와 기분을 좋게 만들기도 한다.

낭독 듣기

설명문은 듣는 사람들이 정보를 정확하게 들을 수 있게 읽되, 기사문을 읽을 때보다는 조금 친절하게 읽으면 좋을 것 같아요. 글의 종류에 따라 낭독하는 방법이 왜 달라야 하는지 알 것 같나요?

혹시 이런 소리 들어 보았나요? "내 목소리는 저음이 안 나와."

또는 "나는 고음을 내기 힘들어." 그런데 그렇지 않아요. 엄청 즐겁게 이야기할 때면 누구나 목소리가 커지고 높아지잖아요? 반대로 아주 진지하게 이야기하거나 속삭여야 할 때는 목소리를 낮춰 말하고요. 목소리의 높고 낮음의 기준이 다를 뿐, 누구나 글의 종류와 목적, 내용에 맞춰서 목소리의 높낮이를 조절해서 낭독할 수 있답니다.

이제 낭독이 좀 재미있게 느껴지나요? 나는 여러분이 낭독을 놀이처럼 즐기면 좋겠어요. <u>굳이 근엄한 목소리 낭독하지 않아도 돼요.</u> 지난 시간에 알려 줬죠? 내 목소리를 가장 편안하게 낼 수 있다면 어떤 자세라도 좋아요. 누워서도 좋고, 앉아서도 좋고, 몸을 가볍게 움직이는 것도 좋아요. 하루 10분 정도, 내가 온전히 집중할 수 있는 장소에서 좋아하는 책을 골라서 편한 자세로 낭독해 보는 거예요.

무엇이든 매일, 꾸준히 하는 게 제일 힘든 법이죠. 지치거나 재미가 없을 땐 잠시 멈춰요. 글이나 악보에 쉼표가 있듯이, 낭독을 꾸준히 하다가도 '쉼'이 필요하니까요. 열심히 하는데, 목소리도 발음도 나아지지 않으면 실망하게 될 것 같다고요? 맞아요. 그럴 때 잠깐 쉬는 거예요. 오늘은 내 목소리가 마음에 들지 않아도 내일은 꽤 괜찮게 들릴 수 있으니 낭독을 숙제처럼 여기지 말고, 놀이라고 생각해 보세요.

<u>"성우가 될 것도 아닌데 낭독을 매일매일 할 필요가 있을까요?"</u>

우와! 아주 좋은 목소리의 친구가 그만큼 좋은 질문을 했네요. 이 질문의 답은 남은 두 번의 강의를 통해 이야기할게요.

낭독은 글에 담긴 정서와 이야기를 목소리에 담아 전달해.
글의 성격에 따라 낭독하는 방법도 달라지지.

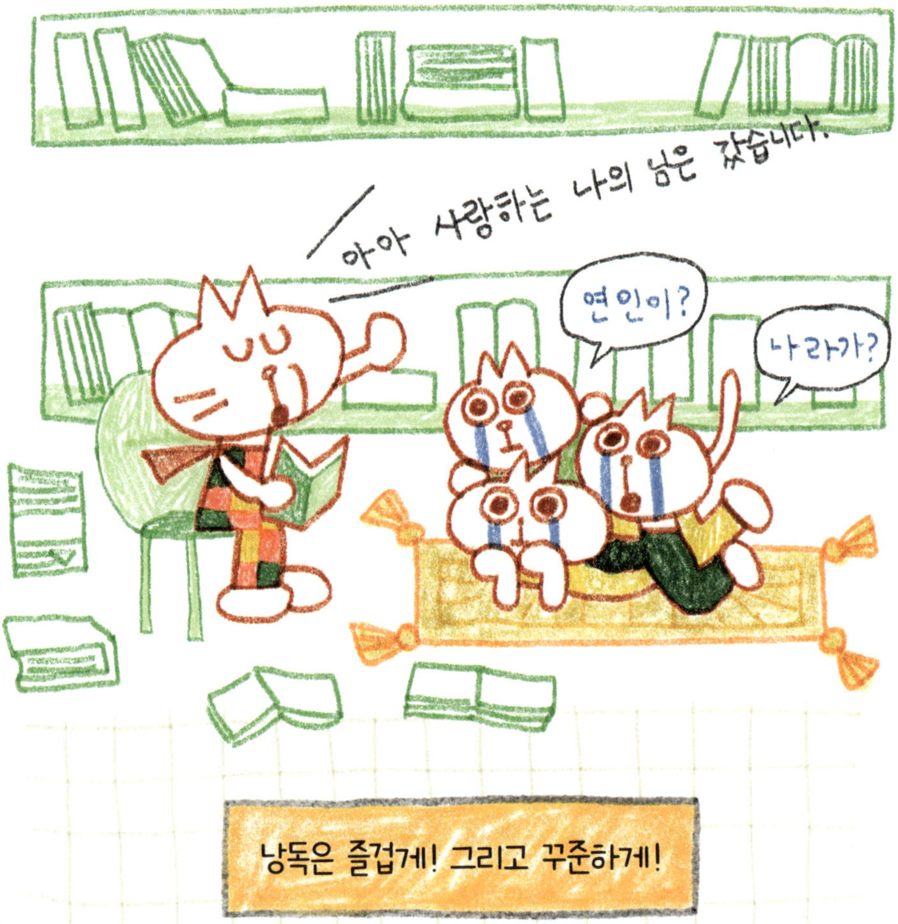

아아 사랑하는 나의 님은 갔습니다.

연인이?

나라가?

낭독은 즐겁게! 그리고 꾸준하게!

토요일

미래의 보물 1호, 낭독 일기
하루 10분, 나에게 집중!

나의 하루를 기록하는 '일기'. 오늘은 훗날 여러분의 보물 1호가 될 아주 특별한 일기 쓰기에 관해 이야기할 거예요. 나도 일기를 숙제라서 억지로 썼던 때가 있어요. 방학 내내 미루고 있다가 개학 전날 밀린 일기를 한꺼번에 쓰느라 고생했던 기억도 있죠. 여러분은 그렇지 않죠?

미래의 보물 1호가 될 일기는 그런 일기가 아니고, 아주 특별한 '낭독 일기'예요. 센스쟁이 여러분은 이름만 듣고도 벌써 눈치를 챘죠? 맞아요. **낭독 일기란 매일 낭독하고서 기록하는 거예요.**

여러분은 일기를 언제 쓰나요? 주로 하루를 마감하는 시간에 쓰죠? 그런데 낭독 일기는 언제라도 꺼내서 쓸 수 있어요. 먼저 좋아하는 공책을 한 권 준비해요. 책장에 오래 묵혀 둔 공책, 아무렇게나 굴러다니는 공책도 상관없어요. 그래도 훗날 보물 1호가 될 거니까 특별히 예쁘거나 의미 있는 공책이면 더 좋겠죠?

공책을 준비했다면 표지에 제목을 지어서 적어 보세요. '하루하

루 낭독 일기' '낭랑한 목소리 ○○의 낭독 일기'처럼 재미있게 지어 보세요.

자, 이제 낭독 일기를 써 보세요. 어떻게 쓸까요? 여러분이 일기를 쓰듯 자유롭게 쓰면 돼요. 아니면 책을 읽고 독서록을 쓰듯, 낭독한 행동에 집중해서 써 보세요.

낭독할 때 녹음하고 녹음한 걸 들으면서 평가하듯 쓸 수도 있고, 내가 낭독한 걸 들을 때 어떤 느낌이었는지를 쓸 수도 있겠죠. 엄마 아빠, 혹은 친구나 동생 앞에서 낭독한 걸 남길 수도 있고요. 낭독에 관한 이야기라면 무엇이든 기록하는 거예요.

무엇이든 시작이 참 어렵다고 하죠? 낭독 일기 쓰는 게 막연하다면 처음엔 이렇게 해 봐요. **먼저 매일 낭독 목표를 세우는 거예요. 어떤 글을, 또는 어떤 책을 얼마나 읽을 건지 정하는 거죠. 그리고 낭독하기 편한 장소와 가장 편한 시간을 정하는 거예요. 그러고 나서 내가 정한 장소와 시간에 목표로 세운 분량의 글을 하루 10분 정도 낭독해 보는 거예요.**

나는 《어린 왕자》를 참 좋아해요. 이 책에는 아주 작은 별에 사는 가로등 관리인이 나와요. 그 가로등 관리인은 밤에 가로등을 켰다가 아침이 되면 끄는 일을 해요. 그런데 별이 너무 작아서 하루 길이가 고작 1분이래요. 그래서 가로등 관리인은 잠을 자지도 못하고, 쉬지도 못한 채 가로등을 켰다가 끄기를 반복해요.

우리가 사는 지구에서는 하루가 몇 시간이죠? 24시간! 분으로 계산하면 1,440분이에요. 그럼 10분이라는 시간은 하루의 144분의 1, 그러니까 하루 전체를 생각하면 정말 얼마 안 되는 시간이죠. 그 짧은 시간을 낭독하면서 채우는 거예요. 매일 5분 동안 낭독하고, 나머지 5분 동안 녹음한 걸 들으면서 좋았던 점, 아쉬운 점, 고쳐야 할 습관 등을 기록해 보세요. 글 쓰는 게 어렵다면 그림을 그려 넣어도 괜찮아요. 표현은 여러분 각자의 개성에 맞게 하는 거니까요. 무엇이든 매일 나를 관찰한 정보가 차곡차곡 쌓인다고 생각해 보세요. 정말 멋지지 않나요?

그럼, 《어린 왕자》에서 가로등 관리인이 등장하는 부분을 낭독해 볼까요?

> 별에 도착하자마자,
> 어린 왕자는 가로등 관리인에게
> 공손하게 인사를 했습니다.
> "안녕하세요? 방금 가로등을 왜 <u>끄셨나요?</u>"
> "명령 때문입니다."
> 가로등 관리인은 피곤한 듯 대답했습니다.

"안녕하세요?"

"무슨 명령인가요?"

"가로등을 끄라는 명령이에요. 잘 자요."

그러고는 다시 가로등을 켰습니다.

"그런데 왜 다시 가로등을 켜신 거예요?"

"명령 때문입니다."

가로등 관리인은 똑같은 말을 반복했습니다.

"무슨 말인지 이해가 안 돼요."

어린 왕자는 의아해했습니다.

"이해할 필요 없어요."

가로등 관리인은 짧게 대답했습니다.

"명령은 명령입니다. 안녕하세요?"

그러고는 가로등을 끄고,

빨간 네모가 장식된 손수건으로

이마의 땀을 닦았습니다.

"저는 끔찍한 일을 하고 있어요.

옛날에는 합리적인 일이었죠.

아침에는 가로등을 끄고, 저녁에는 다시 켰어요

낮 동안은 쉴 수 있었고, 밤에는 잘 수 있었죠."
"그럼, 그 이후로 명령이 바뀐 건가요?"
"명령은 바뀌지 않았어요."
가로등 관리인은 피곤한 목소리로 말했습니다.
"그게 바로 비극이죠."
해마다 행성의 자전 속도는 점점 빨라지는데,
명령은 그대로예요."
"그럼 어떻게 되나요?"
어린 왕자는 그의 고된 노동에 안타까움을 느꼈습니다.

출처:《낭독, 어린 왕자》낭독서재

낭독 듣기

《어린 왕자》를 읽은 친구도 있을 테고 처음 읽는 친구도 있을 거예요. 처음이라도 상관없어요. 자, 낭독을 녹음해서 들은 후에는 낭독 일기를 써 볼까요? 낭독 일기를 어떻게 써야 할지 망막하게 느끼는 친구들을 위해서 예를 들어 줄 테니 참고해 보세요.

| 날짜 : 2025년 8월 3일 | 장소 : 낭낭캠프장 | 시간 : 오후 3시 |

읽은 글 : 《낭독, 어린 왕자》 분량 : 2쪽

😊 꿀잼의 순간 ⭐⭐

대화가 많아서 등장인물에 따라 목소리를 흉내 내 바꿔 읽었더니 재미있었다.

🙁 이건 좀 아쉽네

이야기가 흥미로웠는데 낭독이 금방 끝나 버렸다. 너무 빨리 읽은 것 같다. 어린 왕자의 말과 관리인의 말 사이에서 조금 쉬었다면 더 좋았을 것 같다.

🪐 내 맘에 콕 박힌 문장

"명령은 바뀌지 않았어요."
가로등 관리인은 피곤한 목소리로 말했습니다.
"그게 바로 비극이죠.
해마다 행성의 자전 속도는 점점 빨라지는데, 명령은 그대로예요."
"그럼 어떻게 되나요?"
어린 왕자는 그의 고된 노동에 안타까움을 느꼈습니다.

💥 혀가 꼬였던 발음과 문장

명령이라는 단어가 많이 나와서 조금 어려웠다.

📖 오늘의 낭독 완료! 나에게 귓속말 📖

녹음한 걸 들어 보니, 또박또박 읽지 않고 대충 발음한 부분이 드러났다. 그래서 다시 한 번 낭독하고 녹음했다. 어린 왕자의 대사는 귀엽고 밝은 목소리로, 관리인은 일에 지쳐 기운이 없는 목소리로 실감 나게 읽으려고 한 게 전달되는 것 같다.

| 날짜 : | 장소 : | 시간 : |

| 읽은 글 : | 분량 : |

☺ **꿀잼의 순간** ☆☆

☺ **이건 좀 아쉽네**

🪐 **내 맘에 콕 박힌 문장**

✺ **혀가 꼬였던 발음과 문장**

📖 **오늘의 낭독 완료! 나에게 귓속말** 📖

낭독 일기를 써 보자!

목소리 상태

- 월 걸걸함
- 화 물을 많이 먹어 촉촉
- 수 컨디션 좋다
- 목 발음 연습 더 필요
- 금 배에 더 힘주니 안 윤서
- 토 듣기 편해지는 중
- 일 또렷해지는 발음

내 목소리 기록, 멋진데?

5분 낭독 + 녹음

5분 확인, 매일 10분 낭독 도전!

가나 다라

옛날 어느 작은 산골에~

낭독 마법에 걸려라 얍!
오늘부터 낭독 일기 쓰기

　벌써 낭낭캠프 마지막 날이네요. 오늘은 "성우가 될 것도 아닌데 왜 낭독을 꾸준히 해야 하나요?" 하고 물었던 친구에게 답을 하려고 해요. 어쩌면 그 친구뿐만 아니라 낭낭캠프에 초대받은 친구들 모두 궁금해할 것 같으니까요.

　첫째 날 얘기했던 것처럼, 내가 어렸을 때는 혼자 있는 시간이 많았어요. 요즘처럼 학원을 많이 다닌 것도 아니고 스마트폰으로 게임을 하거나 유튜브를 볼 수 있었던 때가 아니니 심심했죠. 그러다 천둥 치던 날, 내가 책을 크게 읽었다고 이야기했었죠? 천둥소리를 한번 이겨 보겠다면서요. 그렇게 두려움을 물리치는 무기로 낭독을 발견했어요.

　사실 나는 부끄러움을 많이 타는 아이였어요. 수업 시간에 오줌이 마려워도 손을 들고 화장실에 가겠다고 말하지 못해서 바지에 오줌을 싼 적이 있을 정도로 말이죠. 오줌에 젖은 바지가 한겨울 추위에 얼어서 다리가 꽁꽁 얼어 버릴 것 같았던 불편한 기분은 아직

도 생생해요. 그런데 집에서 혼자 책을 자꾸 읽다 보니, 책 읽는 실력이 자꾸 느는 거예요. 수업 시간에 책을 읽으면 칭찬도 많이 받고, 칭찬을 들으니 점점 자신감이 생겼어요. 더 이상 소심한 서혜정이 아니게 된 거죠.

"대장님, 자신감은 낭독을 잘했을 때나 생기는 거 아닌가요?"

음…… 꼭 그렇지 않아요. 낭독할 때 호흡이 중요하다고 했던 거 기억하죠? 어깨를 펴고 아랫배에 힘을 준 상태에서 목소리 내는 것이 몸에 기억되면, 다른 사람들 앞에서 말할 때 떨리는 게 확실히 줄어들 거예요. 낭독하는 순간에는 주위의 시선에 신경 쓰지 않고 내 목소리에 오롯이 집중하게 되니까요. **사람들 앞에서 주눅이 들지 않고 자기 의사 표현을 할 수 있는 용기, 이것이 자신감 아닐까요?** 자신감을 가지고 글을 또박또박 읽는다면 누구나 듣고 좋아할 만한 낭독이 될 거예요.

여러분, 낭독을 잘한다는 건 듣기를 잘한다는 말이기도 해요. 매일 낭독한 것을 녹음해서 자기 목소리를 듣는 연습을 했던 게 평소에 자연스럽게 나타나거든요. 다른 사람의 목소리도 잘 들으려고 한다는 거죠. 친구들과 대화할 때 말을 끊지 않고 잘 들어 주니 누가 안 좋아하겠어요? '경청'을 몸에 익히는 데도 낭독이 참 좋은 방법인 거예요.

그래서 **낭독은 내가 나에게 주는 최고의 선물이 될 수 있어요.** 친구와 다퉈서 속상하거나 서운한 날, 이런저런 고민이 머릿속에 엉켜 있는 날이 있잖아요? 이런 날 낭독을 하면 오로지 내 목소리에만 집중할 수 있기 때문에 불편한 마음도, 복잡한 생각도 잠시 잊을 수 있어요. **나를 위로하고 힘을 주는 글을 찾아서 낭독하면 그 시간이 나를 치료하는 시간이 되는 거죠.**

아! 이런 날에는 특히 내가 쓴 일기를 낭독하면 가장 좋아요. 슬프거나 화나거나 억울한 일, 내 기분, 또 꼭 하고 싶은 말 등을 마음에서 꺼내어 써 보는 거예요. 그리고 그 일기를 낭독해 보세요. 예전에 썼던 일기를 낭독해도 좋아요. 분명히 마음이 엄청 후련해질 걸요?

이 밖에도 낭독이 좋은 이유는 하루 종일 이야기할 수 있어요. 낭낭캠프는 오늘 끝나지만, 여러분이 낭랑한 목소리로 낭독하는 첫날이 되면 좋겠어요. 그래서 우리가 다시 만났을 때는 낭독이 좋은 이유를 함께 이야기해 봅시다.

얘들아, 낭독하러 가자

일주일 동안 열심히 따라와 준 친구들!
모두 잘했다고, 서로에게 박수를 보내 볼까냐옹?
짝! 짝! 짝! 짝! 짝!
너희를 위해 선물을 준비했다옹.
짜잔! 빛나는 수료증!
내가 고양이 세계에서 핵인싸인 이유를 이제 알겠냐옹?
바로 '낭독'!
그런데 내가 고양이잖냐옹.
내가 낭독은 꽤 잘하는데, 글씨는 못 쓴다옹.
손가락이 짧은 걸 어쩌냐옹.
그러니 수료증에 이름도 각자 예쁘게 적어 보자옹.
냥냥캠프는 끝났어도,
너희들의 낭독은 지금부터 시작인 거 알지옹?
아무쪼록 파이팅이다옹!

_____ 에게

축하합니다.
위 어린이는 낭낭캠프에 참여해서
낭독을 성실하게 배우고
넘치는 자신감과 용기를 얻어
낭독을 꾸준히 하기로 결심했음은 물론이며
곧 낭독의 고수가 될 것이기에
이 수료증을 수여합니다.
낭독을 놀이처럼 즐기는 어린이가 되길 바랍니다.

낭낭캠프 대장 서혜정

하루 10분 낭독 일기 쓰기

* ∨표시에 끊어 읽고, ∨∨표시에 쉬어 읽어 보세요.
* 낭독한 후 서혜정 성우의 낭독을 QR코드로 들어 보세요.
* 낭독하면서 녹음하고, 녹음한 것을 듣고 나서 낭독 일기를 써 보세요.
* 같은 글을 여러 번 낭독하면서 변화를 확인해 보세요.

날짜 : 년 월 일	장소 :	시간 :
읽은 글 : 《방귀 시합》		분량 : 3쪽

방귀쟁이 총각이∨ 자신의 방귀 실력을 뽐내고 싶어서∨
옆 동네∨ 방귀 좀 뀌기로 소문난 아주머니를 찾아갔어요.∨
그런데∨ 아줌마는 없고∨ 아이 혼자∨ 부엌에서 놀고 있었죠.∨
"얘∨ 엄마 어디 가셨니?∨ 내가 방귀 시합을 하려고 왔거든."
그러자∨ 아이는 콧방귀를 뀌면서 말했어요.∨
"우리 엄마 방귀가 얼마나 센데∨ 아저씨는 상대도 안 돼요."
아이의 말에∨ 총각은 화가 나서 방귀를 뽕 뀌었어요.∨
그러자∨ 아이가 굴뚝 안으로 쏙 들어가 버렸죠.∨
숯검정이 묻은 아이를 본 아줌마는 화가 났어요.∨
"누구 방귀가 센지∨ 시합 한번 합시다!"∨
방귀쟁이 총각이∨ 먼저 방귀를 뀌었어요.∨
"뿌웅!"∨
그 소리에∨ 지붕이 들썩들썩,∨ 나무가 흔들흔들!∨
"뿌앙!"∨
아줌마의 방귀 소리에∨ 땅이 덜컹덜컹,∨ 바다가 출렁출렁!∨
쉽게 승부가 나지 않자∨
이번에는∨ 빨랫방망이 날리기를 하기로 했어요.∨

총각이 '뿌웅' 하자∨ 방망이가 저쪽으로 휙 날아가고∨
아줌마가 '뿌앙' 하자∨ 방망이가 이쪽으로 날아왔어요.⩓
두 사람이∨ 방귀로 방망이를 오락가락 날리다가∨
"뿌웅∨ 뿌앙!"∨ 한꺼번에 방귀를 뀌었어요.⩓
그러자∨ 방망이가 날아가∨ 바다에 풍덩 빠졌어요.⩓
이 방귀 시합 때문에∨ 날아온 방망이에 맞은 새우는 등이 굽었고,∨
가자미의 눈은∨ 한쪽으로 쏠리게 되었답니다.⩓

낭독 듣기

동화를 읽을 때는 의성어와 의태어를 잘 살려서 읽으면 더 재미있어요. 이 동화는 방귀 시합이 중요한 내용이니까 '뿌웅', '뿌앙' 같은 방귀 소리를 재미있게 표현해 보세요.

☺ 꿀잼의 순간 ⭐⭐

😕 이건 좀 아쉽네

🪐 내 맘에 콕 박힌 문장

💥 혀가 꼬였던 발음과 문장

📖 오늘의 낭독 완료! 나에게 귓속말 📖

날짜 : 　년 월 일	장소 :	시간 :
읽은 글 : 《낭독하는 아이》	분량 : 4쪽	

정이는∨ 두려운 마음을 문고리에 단단하게 걸고 힘껏 잡아당겼어. 그러자∨ 무거워 보였던 현관문이 스르르 열렸어. 정이는 문 안으로 조심스럽게 걸음을 옮겼지. 큰 창을 통해 널따란 거실로∨ 달빛이 쏟아져 내리고 있었어.⩔

'밖은 거센 비가 내려 캄캄한데∨ 이렇게 밝은 달이라니…….'⩔
찬란한 달빛에 눈이 부신 것일까,∨ 정이의 눈에서 참았던 눈물이 터졌어.
'오늘만 울고∨ 이제 안 울 거야.∨ 엄마 앞에서는 절대 안 울 거야.∨ 내가 울면 엄마가 얼마나 속상하겠어.'⩔
정이는∨ 눈물을 한 방울도 남기기 않으리라 마음먹은 듯∨ 대성통곡을 했어.
"왜 울고 있어?"∨
갑작스러운 목소리에 정이가 깜짝 놀랐어.∨ 진짜 이 집에 귀신이라도 있는 걸까?∨ 두려움이 정이를 덮쳐 왔어.∨
"누구세요?"∨
정이가 떨리는 목소리로 물었어.⩔ 그러자∨ 귀신의 목소리라고 하기엔 차분하고 아름답기까지 한∨ 목소리가 대답했어.

"두려워하지 마.∨ 해치지 않아.∨ 널 위로해 주고 싶어."⩔
희한하게 목소리가∨ 정이의 아픈 마음을 쓰다듬는 듯 느껴졌어.
얼마나 아름다운 사람이면∨ 이런 목소리를 가졌을까?∨
혹시∨ 천사는 아닐까 하는 생각마저 들었지.
그런데∨ 달빛 가운데 우아하게 걸어 나온 것은∨ 사람이 아니었어.∨
빛나는 우윳빛 털에∨ 갈색과 파란색 눈을 한 쪽씩 가진∨
예쁘게 생긴 고양이 한 마리였어.

이 동화에서 속상한 일이 생긴 주인공 정이는 엄마가 보이지 않는 곳에서 울려고 평소 들어갈 엄두를 못 냈던 저택에 들어가요. 그리고 그곳에서 아름다운 목소리를 가진, 자신과 이름이 같은 어른을 만나죠. 시작 부분은 정이의 슬픈 마음을 생각해서 읽고, 떨리는 마음으로 들어간 집에서 누군가의 목소리를 들은 순간의 공포, 그리고 고양이가 말한다고 생각해 놀라는 정이의 마음 변화를 상상해 보고 표현해 보세요.

☺ 꿀잼의 순간 ⭐⭐

😕 이건 좀 아쉽네

🪐 내 맘에 콕 박힌 문장

💥 혀가 꼬였던 발음과 문장

📖 오늘의 낭독 완료! 나에게 귓속말 📖

| 날짜 : 년 월 일 | 장소 : | 시간 : |

| 읽은 글 : 《윤동주 시집》 | 분량 : 세 번 읽기 |

새로운 길

　　　　　　　윤동주

내를 건너서 숲으로∨
고개를 넘어서 마을로∨

어제도 가고 오늘도 갈∨
나의 길∨ 새로운 길∨

민들레가 피고∨ 까치가 날고∨
아가씨가 지나고∨ 바람이 일고∨

나의 길은∨ 언제나 새로운 길∨
오늘도…… 내일도……∨∨

내를 건너서 숲으로∨

고개를 넘어서∨ 마을로⩔

낭독 듣기

대장님의 낭독 필살기

윤동주 시인이 이 시를 썼을 때는 부모님이 원하시는 의대를 포기하고, 의사라는 안정적인 직업 대신에 배고픈 시인이 되는 공부를 선택한 때라고 해요. 시인도 자신의 미래를 걱정했고 좋아하는 글쓰기를 하는 것이 맞는 것인지 고민했대요. 그래서 윤동주 시인의 시들은 대부분 일제강점기의 암울한 배경이나 부끄러워하는 마음, 반성하는 태도가 담겼는데 이 시는 성격이 좀 달라요. 시인이 꿈꾸는 새로운 길에 대한 희망과 용기가 담긴 작품이죠. 특히 '오늘도…… 내일도……' 부분에서 말줄임표를 잘 살려서 충분히 쉬어 주면서 시인의 마음에 공감하며 읽어 보세요.

☺ 꿀잼의 순간 ⭐⭐

🙂 이건 좀 아쉽네

🪐 내 맘에 콕 박힌 문장

💥 혀가 꼬였던 발음과 문장

📖 오늘의 낭독 완료! 나에게 귓속말 📖

날짜 : 년 월 일	장소 :	시간 :
읽은 글 : 《욕심쟁이 개》	분량 : 6쪽	

배가 고픈 개가∨ 우연히 잔칫집에서∨ 생선 한 마리를 얻게 되었다.
개는∨ 어서 빨리 조용한 집으로 가서∨ 혼자만 생선을 먹고 싶었다.
'신난다.∨ 고래만큼 커다란 이 생선은 내 거야.∨ 아무도 못 줘.'
잔치가 있던 마을을 지나 집으로 가려면∨ 작은 개천을 건너야
했다.∨
개는 콧노래까지 흥얼거리면서∨ 개천 위로 놓인 다리를 건넜다.∨
다리의 중간 즈음을 건너던 개는∨ 문득 다리 밑을 내려다보게
되었다.∨
그런데∨ 이게 웬일인가!∨
다리 밑 물속에도∨ 개 한 마리가 생선을 물고 있지 않은가!∨
그것도∨ 자기의 생선보다 더 커 보이는∨ 먹음직한 생선이었다.
고래만큼 크다고 생각했던 자기의 생선은∨ 이제 멸치처럼
작아 보이고∨ 다리 밑의 개의 생선이∨ 고래처럼 커 보였다.∨
개는∨ 욕심이 나서 생각했다.
'저 생선도 내가 빼앗아 먹어야겠군.∨ 보아하니∨ 마르고 형편없는
외모를 가진 개라서∨ 내가 크게 짖기만 해도 꼬리를 내릴 게
분명해.'

개는∨ 다리 밑의 개를 향해 큰 소리로 짖었다.

"멍멍!"⩔

그 바람에∨ 개가 물고 있던 생선이 다리 밑으로 뚝 떨어져∨ 개천에 빠지고 말았다. 그러자∨ 다리 밑 물속에 있는 개의 입에도∨ 생선이 없어졌다.⩔

욕심쟁이 개는∨ 다리 밑 물속에 비친 개가 자신이었음을∨ 뒤늦게 깨닫고 후회했지만∨ 소용이 없었다.⩔

 대장님의 낭독 필살기

우화는 동물이나 식물, 사물 등을 사람처럼 의인화해서 교훈이나 지혜를 표현한 이야기예요. 이솝 우화가 가장 널리 알려졌죠. 우화를 낭독할 때는 특별히 주인공이 된 동물이나 식물, 사물의 특징을 생각해서 읽으면 더 재미있어요. 이 글에서는 욕심 많은 개가 생선을 얻어서 신난 모습과 더 큰 생선을 보고 욕심을 부리는 모습을 상상하면서 읽어 보세요.

☺ 꿀잼의 순간 ⭐⭐

☺ 이건 좀 아쉽네

🪐 내 맘에 콕 박힌 문장

💥 혀가 꼬였던 발음과 문장

📖 오늘의 낭독 완료! 나에게 귓속말 📖

| 날짜 : 　년 월 일 | 장소 : | 시간 : |

읽은 글 : 《작은 아씨들》　　　분량 : 3쪽

베스에게는∨ 로렌스 저택에 있는 커다란 피아노가∨ 동경의 대상이었지. 음악을 좋아하는 베스는∨ 무서운 로렌스 할아버지가∨ 연주회나 유명한 가수 이야기를 하면∨ 한 발∨ 한 발∨ 할아버지 곁으로 다가가∨ 조용히 귀를 기울이곤 했어.⍷

이날도 로렌스 할아버지는∨ 마치가에 찾아 와∨ 네 소녀의 어머니인 마치 부인과∨ 이야기를 나누고 있었지.

"우리 손자 로리가∨ 요즘 피아노를 치지 않아요.∨ 피아노는∨ 사용하지 않으면 망가져 버릴 텐데 말입니다. 따님들 중에 누구라도∨ 가끔 와서 피아노를 치게 하면 어떨까요?"

로렌스 할아버지가 마치 부인에게 이야기하자∨ 베스의 가슴은 두근거렸어. 그렇게 훌륭한 피아노를 치게 해 준다니∨ 너무 좋아서 숨이 다 막힐 지경이었지.⍷

"부인께서 마음이 내키지 않으신다면∨ 못 들은 걸로 하셔도 좋습니다."

할아버지가 집으로 돌아가려고 일어서자∨ 베스는 자기도 모르게 소리쳤어.∨

"저, 제가 치고 싶어요.∨ 간절하게요."⍷

할아버지가∨ 유난히 성나 보이는 눈썹을 누그러뜨리며 말했어.
"그래 줄래?∨ 네가 음악을 좋아하는가 보구나."
"네.∨ 제 이름은 베스예요.∨ 피아노를 꼭 치고 싶어요."
할아버지는∨ 늘 문 뒤에 숨어 있던 베스가∨ 용기를 낸 것이 기특했어.
"베스, 우리 집 피아노를 부탁한다."
베스는 그날 이후로 매일∨ 로렌스 저택을 찾아가 피아노를 쳤어.
로렌스 할아버지도∨ 베스의 피아노 소리를∨ 즐거운 마음으로 듣게 되었지.∨

낭독 듣기

대장님의 **낭독 필살기**

큰따옴표 안의 문장을 읽을 때, 등장인물이 된 것처럼 읽으면 훨씬 내용이 잘 전달되겠죠? 그러려면 말에 어떤 감정이 담겼을까 글의 흐름을 파악하는 게 중요하니 낭독하기 전에 눈으로라도 먼저 읽어 보는 게 좋아요. 할아버지 목소리의 경우, 가끔 너무 과장되게 흉내 내서 우스꽝스럽게 되는 경우가 있는데 그럴 필요 없어요. 자연스럽게 읽는 게 좋아요. 잘못하면 오히려 낭독 분위기가 흐려질 수도 있으니까요.

☺ 꿀잼의 순간 ✧✦

☹ 이건 좀 아쉽네

🪐 내 맘에 콕 박힌 문장

💥 혀가 꼬였던 발음과 문장

📖 오늘의 낭독 완료! 나에게 귓속말 📖

| 날짜 : 년 월 일 | 장소 : | 시간 : |

읽은 글 : 《왕자와 거지》   분량 : 7쪽

막이 오르면 ∨ 무대 중앙에 의자가 두 개 놓였고, ∨ 한쪽에 ∨ 커다란 침대와 거울이 있는 왕자의 방이 보인다. 누더기 차림의 거지 톰이 ∨ 주위를 두리번대며 ∨ 무대 왼쪽에서 중앙으로 걸어 나온다. ⩔

톰 ∨ (입가에 흘러내린 침을 손등으로 닦으며) 와! ∨ 여기가 왕자님의 방인가 봐. ∨ 온통 번쩍번쩍 눈이 부시네. ∨ 바닥도 황금 같아. ∨ 진짜 금일까?

톰이 무릎을 꿇고 앉아 ∨ 소매로 바닥을 문질러 닦는다. ∨ 이때 ∨ 비단으로 지은 옷을 입고 왕관을 쓴 왕자가 ∨ 무대 오른쪽에서 등장한다. ⩔

왕자 ∨ (반갑게 두 팔을 벌리며) ∨ 톰, 잘 찾아왔구나. ∨ 거기서 뭘 하는 거야? 이리 와서 앉거라. ⩔ 어서 너의 이야기를 들려다오.

왕자는 톰을 끌어다가 ∨ 무대 중앙에 놓인 의자에 마주 앉힌다. ⩔

왕자∨ 네 이야기는 정말 재미있어.∨ 어제는 뭘 하고 놀았니?

왕자가 기대에 가득 찬 표정으로∨ 턱을 괴며 톰을 바라본다.∨

톰∨ (머리를 긁적이며)∨ 재미라뇨?∨ 가난하고 배고픈 거지들의 이야기일 뿐인데요.∨ 어제는∨ 아이들이랑 개천에서 물고기를 잡았어요.∨ 큰 물고기를 잡아서 구워 먹으려고 했거든요. 비록∨ 미꾸라지 세 마리밖에 잡지 못했지만요.∨ 손발이 불어서 쪼글쪼글해지고∨ 누더기가 너덜너덜해질 때까지 신나게 놀았어요.

왕자∨ (자신의 비단옷을 내려다보며)∨ 나도 그런 누더기를 입고∨ 종일 자유롭게 놀고 싶다.∨ 궁전에서는∨ 마음대로 나가지도 못하고∨ 놀지도 못하거든.∨

톰∨ (깜짝 놀라며) 왕자님께서 어떻게 이런 누더기를 입어요?∨ 생각도 하지 마세요. 전∨ 왕자님 옷처럼 좋은 비단옷은 태어나 처음 봤어요.

왕자∨ (뭔가 좋은 생각이 난 듯∨ 손가락을 튕기며) 톰!∨ 그럼∨ 나랑 옷을 바꿔 입을래?∨

왕자가 톰의 손을 잡고 일어나˅ 거울 앞으로 끌고 가 선다. 거울 앞에 나란히 선 왕자와 톰은˅ 거울에 비친 서로의 모습을 바라본다.

왕자˅ 봐! 이상하게도˅ 톰, 너와 나는˅ 머리 색깔도 비슷하고 키도 비슷하고˅ 심지어 눈동자 색깔도 똑같아.˅ 우리가 옷을 바꿔 입는다고 해도˅ 아무도 눈치채지 못할 거야.

톰˅ (거울 속을 유심히 보면서) 그럴까요?˅ 우리 둘이 많이 닮긴 했네요.˅

왕자와 톰이 두 손을 맞잡고 마주 서자˅ 경쾌한 음악이 흐르며˅ 무대가 어두워진다.˅

이 글은 연극의 대본인 희곡이에요. 희곡을 혼자 낭독할 때는 실제 연극을 하듯 등장인물인 톰과 왕자의 목소리와 말투를 좀 다르게 표현해 보세요. 톰, 왕자, 그리고 해설하는 사람의 역할을 친구들과 나누어 낭독하면 더 재미있겠죠?

☺ **꿀잼의 순간**

☹ **이건 좀 아쉽네**

🪐 **내 맘에 콕 박힌 문장**

✨ **혀가 꼬였던 발음과 문장**

📖 **오늘의 낭독 완료! 나에게 귓속말**